LE RÉGIME

DU

GOUPILLON

PARIS

LIBRAIRIE ANDRÉ SAGNIER

9, RUE VIVIENNE, 9

—

1873

Prix : 50 centimes.

LE RÉGIME

DU

GOUPILLON

PARIS

LIBRAIRIE ANDRÉ SAGNIER

9, RUE VIVIENNE, 9

—

1873

La politique est une sorte de jeu qui consiste à renverser ses ennemis à son bénéfice propre, ou au bénéfice d'un parti dont on espère profiter. Pour arriver à triompher de ses adversaires, on a recours à des moyens différents et multiples, mais l'action se cache toujours sous deux faces, l'une qui se voit au grand jour et s'affiche, l'autre latente qui recherche la nuit et les ténèbres et ne se laisse pas aisément découvrir.

Ce qui se montre est fariboles, escarmouches, paroles en l'air ; ce qui se cache est l'important.

Pénétré de cet axiome, nous n'avons pas hésité à publier les documents qu'on va lire, quoique nous n'en garantissions pas l'authenticité.

Ils nous ont tous été livrés par un jeune secrétaire républicain qui a voulu venger le libérateur du territoire du vote du 24 mai 1875 en nous les communiquant.

Le lecteur nous saura gré d'avoir laissé à ces documents la forme sous laquelle ils nous ont été remis, malgré la réserve que nous venons de formuler.

LE RÉGIME

DU

GOUPILLON

PIÈCE Nº 1

Dépêche télégraphique adressée à Sa Sainteté le pape Pie IX :

Versailles, le 24 mai 1873, 8 heures du soir.

Alleluia ! Thiers renversé. Hosanna ! République perdue. Vive la religion !

ERNOUL,
Député de la Vienne.

A cette dépêche se trouve attachée avec une épingle la note suivante écrite au crayon :

J'ai rencontré M. du Temple comme je venais d'expédier cette dépêche. Il s'est précipité dans mes bras et nous nous sommes embrassés.

— Hé bien ! me dit l'illustre général, ils sont vaincus?

— Oui.

— Le pape va donc enfin régner sur nous ! je deviendrai, bien sûr, ministre de ses armes.

— Le poste de ministre de la guerre vous convient, général, seulement il vous faudrait le consentement du maréchal.....

— Sommes-nous certains du maréchal ? Il acceptera ?

— C'est une affaire convenue.

— Allons donc voter.

M. Rouher nous a croisés. Je l'ai salué profondément.

La pièce suivante porte en marge, au crayon bleu, ceci : LETTRE INTERCEPTÉE.

PIÈCE Nº 2

Versailles, 26 mai 1873.

Ma petite Niniche,

Tu en veux à ton petit popo, dis ? C'est la politique qui le retient. Il en sue sang et eau, et dix fois plus qu'alors que nous sommes ensemble. On ne fait pas choir un gouvernement aussi aisément que tu renverses la salière, quand tu veux me chercher querelle. Thiers a été dur à extirper: Baragnon nous a puissamment aidés. Buffet a été sublime ! Ah ! ma pauvre Niniche, quelle sueur !

Quand nous avons eu nommé Mac-Mahon, et tandis que le bureau de l'Assemblée allait lui offrir la meilleure place de France, nous nous sommes réunis chez un collègue. Nous avions le gâteau, il fallait le partager. Ç'a été roide. Pour l'emporter sur ces cuistres de gauche nous avions promis des portefeuilles à tout le monde. Il n'y avait pas jusqu'à ce grand dadet de Target qui ne se crût assuré du sien. Quelles mazettes ! ça faisait pitié de les voir se chamailler. Mais tout un chacun ne peut pas être charpenté comme ton petit carpillon.

Nous sommes-nous disputés ! Du Temple voulait avoir la Guerre et Jean Brunet la Marine. Changarnier rageait de n'avoir pas la place de Mac-Mahon. Ernoul montrait les dents à Depeyre. J'avais envie de tordre le cou à Belcastel. Et si tu avais vu d'Audiffret en face de Broglie, c'était crevant !

Les bonapartistes allongeaient fort leurs tentacules.

Mgr l'évêque d'Orléans, heureusement, survint et beurra nos discussions de l'onguent de sa parole. Galloni d'Istria lui-même, devant le prélat, s'inclina.

Durant l'accalmie, Broglie nous raconta sa visite au maréchal. C'était drôle ! Broglie nous a juré que le premier ministre auquel le maréchal avait pensé était Christofle. Un ministre de gauche ! de cette infecte gauche ! vois-tu ça ? Tu m'objecteras que j'ai été, l'autre jour, serrer la main à ce brigand de Naquet. Hé ! ma chère, si nous ne l'avions pas emporté le 24 mai, Naquet eût pu me protéger et j'aurais tourné au radicalisme. Nous avons vaincu, et je communierai dimanche.

Revenons au maréchal. Broglie, qui est Italien d'origine, lui a galamment insinué qu'il ferait beaucoup mieux de se laisser conduire, et il lui a fait adopter des noms. Le mien y était ! mais de bonapartistes point.

— Hé quoi ! messieurs, s'est écrié M. Rouher, rompons-nous déjà le traité ? Il ne nous faut pas seulement des préfectures, j'exige des portefeuilles : ou, déplaçant demain mes cinquante voix, je vous jette aux pieds de la gauche.

Chacun s'est incliné devant le maître. On lui a offert Magne, qu'il a accepté en faisant la moue. Deseilligny lui a plu davantage. Il veut la Guerre aussi. On avisera. Target en tout ça n'a rien eu. Il en arrachait sa moustache. Nous en ferons un ambassadeur.

Et à toutes ces combinaisons, me demanderas-tu, le maréchal était donc étranger ? Parfaitement. Le maréchal ?... C'est comme le maître d'une maison où les valets commandent.

Cornedieu ! ma chère, comme je sue ! serait-ce d'être ministre ? Dam ! une force de plus ajoutée à celles que je possède, songe un peu! A bientôt, mon amour, les grandeurs ne me feront jamais oublier Niniche.

Je t'embrasse à pincettes,

Ton POLYCARPE.

P.-S. 27 mai.

Je sors du conseil. J'ai cassé ma chaise en m'asseyant dessus ; c'est, je crois, d'un mauvaisaugure? On m'a donné un fauteuil qui a servi à Nieuwerkerke et à la princesse Mathilde, il doit être à l'épreuve. Le conseil a été singulier. Nous nous sommes regardés dans le blanc des yeux. Nous ne savions que dire, ni par quel bout commencer. Ernoul nous a enfin désensorcelés en faisant le signe de la croix. Magne a aussitôt déclaré qu'il était libre-échangiste, il a croisé ses bras, et en vieux roublard, il nous a dit : Allez! La Bouillerie a déclaré qu'il ne connaissait rien de rien, et Beulé pas davantage, sinon les *Provinciales* de Pascal. Ernoul aussitôt a annoncé emphatiquement avoir lu Escobar. Quant à moi, je me suis renfermé dans un silence plus digne.

— Il faudra cependant bien que nous fassions quelque chose, et que nous parlions, ne fût-ce que pour ne rien dire, a déclaré le vice-président du conseil.

Sur la proposition d'Ernoul, le conseil a alors décidé que l'on écrirait à notre Saint-Père le pape, au cardinal Antonelli et à notre ambassadeur près le Saint-Siége, afin de réclamer les bons offices du Vatican et du Jésu, où se rencontrent de grands et profonds politiques.

Nous allons rédiger ces importants documents, et voilà pourquoi, Niniche, ne pouvant aller à Paris, je te prie de venir à Versailles goûter des draps ministériels.

Les trois pièces suivantes, dont nous possédons des brouillons qui indiquent un travail aussi difficile que consciencieux, ont été adoptées en conseil des ministres, puis envoyées à leurs destinations respectives.

PIÈCE N° 3

Le gouvernement de la France au Pape.

Très-Saint Père,

Le doigt du Dieu tout-puissant vient enfin de se manifester dans les affaires de la France. Au moment précis où notre malheureux pays semblait le plus entraîné vers ces idées funestement écloses dans le cerveau débile des ennemis de l'ordre éternel qui sont la négation de la religion, de la famille et de la propriété, notre sol a été bouleversé et un nouveau gouvernement en a jailli.

Tous les·membres de ce gouvernement sont, Très-Saint Père, des chrétiens catholiques et se glorifient d'être enfants de Rome plutôt que de la France et les très-humbles et très-obéissants sujets de Votre Sainteté!

Fils soumis de notre sainte mère l'Église, ils viennent se prosterner à vos sacrés genoux, Très-Saint Père, et vous supplier de ne pas les abandonner dans le périlleux chemin où ils se sont engagés et où ils vont avoir à lutter pour la Foi contre la très-grande majorité de la population de ce pays, que l'instruction et la prospérité ont malheureusement tirée de l'esclavage des beaux jours.

Si nous espérons sortir triomphants de la lutte que nous engageons, ce n'est pas, Très-Saint Père, en nous assurant de nos propres mérites, mais parce que Votre Sainteté étendra sur nous sa main infaillible et priera Notre-Seigneur, sa divine Mère, saint Joseph et la compagnie de Jésus de nous soutenir envers et contre tous et de nous délivrer du mal.

Ainsi soit-il.

Que Votre Sainteté daigne recevoir le baisement de pieds de ses très-humbles et très-obéissants fidèles et serviteurs.

Pour tout le gouvernement:

DE BROGLIE, ERNOUL, BEULÉ, MAGNE, BATBIE, DE LA BOUILLERIE.

A Versailles, le 29 mai 1873.

PIÈCE N° 4

Le Ministre des affaires étrangères à l'ambassadeur de France près le Saint-Siége.

Ministère des affaires étrangères
—
CABINET DU MINISTRE
—
Très-confidentielle
—
N° 137

Versailles, le 29 mai 1873.

Monsieur l'ambassadeur,

Le télégraphe vous a déjà appris les changements survenus dans le gouvernement de la France et vous aurez compris que notre avénement aux affaires implique un changement radical dans la politique.

Il ne faut pas, monsieur l'ambassadeur, vous arrêter, en effet, aux formules du gouvernement précédent que nous avons dû conserver encore, et il va sans dire que vous parlerez dans ce sens aux membres. du gouvernement auprès duquel vous êtes accrédité. La République n'existe plus que de nom, et nous voulons loyalement et sincèrement la restauration du régime monarchique.

Cette restauration, nous ne pouvons malheureusement la précipiter, il y faut le temps, et nous désirons ardemment qu'elle ne s'accomplisse que par l'intermédiaire du Saint-Siége, bien convaincus que nous sommes qu'une monarchie assise sur la religion infaillible peut seule offrir la solidité que nous lui souhaitons.

Vous représenterez donc, monsieur l'ambassadeur, au gouvernement du Saint-Siége, que son appui nous est absolument indispensable, et si, comme il est probable, le gouvernement du Saint-Siége vous demandait quelles compensations on pourrait lui offrir, nous vous autorisons à déclarer, dès aujourd'hui, que la France ne peut séparer sa cause de celle de l'Italie, et que nous considérons la restauration du trône pontifical comme la conséquence inévitable et première de la restauration de la monarchie en France ; l'épée de la France est l'espérance des vrais Romains et du monde catholique, et elle ne saurait faillir à ce qu'on attend d'elle impatiemment. Dites bien qu'une guerre ne nous effraye pas, quand même elle devrait être déclarée demain, et dussions-nous avoir contre nous et le Protestant et l'Excommunié à la fois, car nous sommes sûrs de vaincre en marchant sous les drapeaux de la tiare. Assurez enfin le Saint-Siége que la France est à lui corps et biens et que ses volontés seront nos lois.

Veuillez agréer, monsieur l'ambassadeur, l'assurance de ma profonde considération.

DE BROGLIE.

PIÈCE N° 5

Rapport de S. Exc. M. le duc de Broglie, ministre
des affaires étrangères de France, à S. Em. le cardinal Antonelli.

Éminence,

Une liberté qui était beaucoup trop grande, la
discussion laissée sans entraves, aux libres-pen-
seurs, le principe républicain presque intronisé,
tels étaient les plus graves inconvénients d'un
régime qui menaçait de clore en France l'ère fé-
conde des révolutions.

Justement épouvantés à la vue de cet avenir qui
ruinait la prépondérance religieuse, et avertis par
des élections singulièrement révolutionnaires, les
députés conservateurs à l'Assemblée nationale de
France durent occuper leurs vacances à former
une coalition entre tous ceux qui avaient un intérêt
général ou privé à renverser la République.

Tandis que M. Thiers se flattait d'être toujours
l'homme indispensable, que M. Gambetta se faisait
de la propagande à lui-même en parlant du haut
du balcon des cabarets, et que les députés de
gauche s'endormaient dans les délices de leur siné-
cure, nous profitions, nous, monarchistes, de ce
que les républicains avaient en quelque sorte lié la

République à M. Thiers pour atteindre profondément l'une en renversant l'autre. M. Thiers représentait l'ordre républicain, les radicaux eux-mêmes avaient habitué le pays à le considérer comme le boulevard de la démocratie ; au lieu de tenir le peuple prêt à de nouvelles Vêpres siciliennes, on lui recommandait le calme et la modération : nous en profitâmes pour nous emparer tranquillement du pouvoir.

Notre sort avait dépendu d'un groupe d'indécis que nous achetâmes ; nous accordâmes des satisfactions aux bonapartistes et nous fîmes triompher le parti catholique. Il avait été nécessaire de tout promettre, mais nous étions bien décidés à ne pas tenir, ou au moins à retirer, dès que les circonstances le permettraient : c'est ce que nous ferons.

La journée du 24 mai sera une date faste dans les annales de la religion. C'était un spectacle risible de voir alors les républicains ! Ils étaient effrayés et déconfits, et nous en connaissons des plus radicaux qui crurent aller en prison le soir même, qui se cachèrent et qui frémirent. De protestations, de révoltes, d'énergie même, il n'y en eut pas. Les républicains continuèrent à prêcher le calme et le silence et, par lâcheté, ils abaissèrent devant nous des barrières que nous n'eussions pu franchir.

Les républicains sont évidemment malhabiles. Ils s'appuient sur des principes, mais ils sont bien incapables de les faire triompher, sans doute sous le fallacieux prétexte que ces principes doivent convaincre et vaincre par eux-mêmes. Il n'y a pas à gauche d'hommes d'action, il n'y a tout au plus que des hommes de banquet. Ils tiennent à leur vie ; et aucun d'eux, fût-ce celui que l'on a monté si haut pour qu'il tombât plus bas, ne saurait déployer le drapeau de la révolte.

Cependant il ne nous est pas permis de nous dissimuler que nous avons à tourner de grandes difficultés, car les passions les plus malsaines, et notamment l'irréligion, sont fort enracinées dans la populace, et nous ne pouvons espérer les arracher en une heure. La société civile ayant été profondément atteinte et viciée, ce n'est pas avec elle que nous pouvons mener à bien l'œuvre de régénération qui est le comble de nos désirs et de nos espérances, et nous reportons nos regards et notre attente sur la société religieuse, qui, fortifiée contre tout funeste contact par la grâce qu'elle tient de Dieu même, a pu rester indépendante et pure au milieu de toutes les calamités dont nous avons été assaillis et qui doit être le bras régénérateur du Dieu vivant dans le grand œuvre de la rénovation de la Fille-aînée de l'Eglise.

Votre Eminence aura compris, rien qu'en lisant les noms des membres du gouvernement actuel, tout ce que le Saint-Siége peut attendre du gouvernement, et tout ce que le gouvernement est en droit d'attendre du clergé catholique romain.

Nous nous sommes mis à la tête de la France, non pas pour la rendre à elle-même, mais pour la confier au Vicaire infaillible du Christ ; nous ne sommes pas des maîtres, mais des esclaves soumis, qui cherchent la parole et l'appui de qui doit les conduire, par une voie sûre, dans le chemin du triomphe du Trône et de l'Autel.

De Rome nous attendons la lumière et la vie, le mot d'ordre. Quelle que soit la nature des actes qu'on exigera de nous, nous les accomplirons, et le Saint-Siége connaît assez la stupidité du peuple français pour savoir que nous tiendrons tout ce que nous promettons. Nous nous servirons du parti bonapartiste, fertile en expédients, pour mener le peuple selon les vues de la curie romaine jusqu'au jour où, n'ayant plus besoin de ces gens ignobles, nous les écarterons et les remplacerons par de purs monarchistes. Notre envie est de nous servir aussi du suffrage universel pour arriver à nos fins, mais nous saurons le mutiler de façon à ce qu'il nous appartienne totalement. Nous porterons dès demain atteinte aux corps constitués. Notre œuvre peut durer trois ou quatre années, qu'importe ! Ce n'est qu'après la régularisation du suffrage universel, qu'après que nous aurons placé les maires dans les mains du gouvernement, et soumis les conseils généraux à l'action préfectorale, que nous voterons la dissolution de l'illustre Assemblée qui siége à Versailles. Nous procéderons seulement en ce temps à de nouvelles élections, bien persuadés que la grande majorité de l'Assemblée élue se composera de monarchistes convaincus et décidés qui assoiront en France un régime stable, religieux et définitif, car il nous est impossible de celer à Votre Eminence que la Chambre actuelle est inepte à constituer.

Effectivement, les partis qui se sont coalisés pour ruiner la République ont des intérêts bien différents, et ils se détruiraient l'un l'autre s'il s'agissait de voter un gouvernement qui ne fût pas provisoire. En admettant que les monarchistes pussent s'accorder, ils formeraient cependant à eux seuls une majorité assez compacte, et il ne nous surprendrait pas qu'avec les bons offices du Saint-Siége apostolique, on parvînt à opérer enfin la fusion entre la branche aînée et la branche cadette de la maison de Bourbon. Notre tâche deviendrait alors facile, nous pourrions constituer sans nous dissoudre, et, avec vos conseils et l'appui de l'autorité du Saint-Siége, nous pourrions enfin voir flotter sur nos édifices le drapeau de la tiare, semé des fleurs de lys et surmonté du coq gaulois.

J'ai l'honneur d'être de Votre Eminence le très-humble et très-obéissant serviteur,

DE BROGLIE.

Les pièces n°s 6, 7 et 8, qui suivent, sont traduites du latin.

PIÈCE N° 6

Aux membres du gouvernement de la France,

Pie IX, pape.

Chers fils, salut et bénédiction apostolique.

Vous avez fait déborder la joie de mon cœur en m'apprenant les événements d'honorable mémoire du 24 mai de cette année, et la chute de ce vieillard incrédule qui menait notre beau peuple de France à un abîme de perdition. Dieu vous a certainement exaltés au gouvernement de la France pour affirmer et venger l'auguste religion catholique, et étouffer et condamner les hérésies et erreurs ennemies de notre foi.

C'est pourquoi vous devez vous opposer, avec une vigoureuse énergie, aux entreprises criminelles des hommes iniques qui répandent comme les flots d'une mer furieuse leurs opinions troublantes, et, promettant la liberté lorsqu'ils sont si esclaves de la corruption, s'efforcent par leurs écrits pernicieux et leurs paroles empoisonnées de renverser les fondements de la religion chrétienne catholique et de la société civile, de détruire toute vertu et toute justice, de dépraver tous les esprits et tous les cœurs, de détourner les âmes naïves et surtout la jeunesse inexpérimentée de la saine discipline des mœurs, de la corrompre misérablement, de l'attirer dans les filets de l'erreur, et enfin de l'arracher du fond de l'Eglise catholique.

Vous devez donc écarter, par tous les moyens que Dieu a mis en votre pouvoir, l'horrible tempête excitée par les mauvaises doctrines, et éviter absolument au peuple dont vous avez la charge la contagion d'une si horrible peste que la République, car vous n'avez pas le droit de laisser aux âmes la liberté de la perdition (Saint Augustin).

Il n'y a de vrai dans la société civile que la juridiction d'un roi qui tient tout son pouvoir de Dieu et de cette religion chrétienne catholique d'où tant de biens considérables sont venus en abondance, et ceux qui se disent républicains sont préjudiciables et condamnables et font chœur avec les mensonges des hérétiques, car ils sont des insulteurs de toute vérité et de toute justice. C'est à vous d'emprunter le glaive de l'archange saint Michel pour combattre et extirper ces méchantes erreurs bien des fois condamnées et qui osent se montrer avec une insigne impudence dans des livres empestés, des brochures et des journaux qui trompent les peuples et mentent méchamment. N'oubliez jamais que si Dieu et son divin Fils vous ont favorisés et placés sur le peuple de France, c'est pour en chasser honteusement ou faire périr justement les hommes animés et excités par l'esprit de Satan.

Aussi, dans la lettre présente, vous parlons-nous de tout cœur, à vous qui êtes, au milieu de nos vives douleurs et de notre captivité, notre plus grand soulagement à cause de l'excellente piété dont vous faites preuve en subordonnant votre conduite à la religion, et nous sommes certain que vous vous efforcerez à remplir vaillamment jusqu'au bout votre ministère.

Vous prendrez le glaive de l'esprit et le glaive d'acier et, réconfortés dans la grâce de Notre-Seigneur Jésus-Christ, vous veillerez, par des soins redoublés et sans ménager vos coups, à ce que les brebis confiées à votre garde s'abstiennent des mauvaises herbes que Jésus-Christ ne cultive pas, parce qu'elles n'ont pas été plantées par son Père (Saint Ignace, 2. Philadelph., 3). Vous ne cesserez pas d'inculquer que la source de la vraie fortune et du bon commerce découle pour les hommes de notre auguste religion, de sa doctrine et de sa pratique, et qu'il est heureux le peuple pour qui le Seigneur est (Psalm., 143).

Vous ferez savoir que les royaumes reposent sur le fondement de la foi (Saint Celest., lett. 22 au syn. d'Eph.), et vous saurez montrer que le pouvoir royal a été établi pour exercer le gouvernement de ce monde (Saint Innocent Ier) et pour être régenté par l'Eglise infaillible, et ferez entendre qu'il n'est rien de plus profitable à un Etat que de se soumettre aux seules lois de l'Eglise catholique, que les lois de l'Eglise obligent en conscience et que celles du pouvoir civil ne sont de rien.

Allez, chers fils, le moment est venu de faire cesser dans notre chère France les calamités nombreuses de la société civile en lui imposant les lois de l'Eglise, et, laissant aux ministres de nos commandements le soin de tracer les limites exactes dans lesquelles vous devrez renfermer votre conduite, nous vous envoyons notre bénédiction apostolique.

Donné à Rome, près de Saint-Pierre, le premier jour de juin 1873, la vingt-septième année de notre pontificat.

PIE IX.

PIÈCE N° 7

Son Eminence le cardinal Antonelli à Son Excellence le duc de Broglie, ministre des affaires étrangères de France.

Excellence,

Sa Sainteté le pape Pie IX m'ayant communiqué les lettres que M. l'ambassadeur de France lui avait remises au nom de votre gouvernement, et ayant pris moi-même connaissance des rapports que Votre Excellence a daigné me faire, j'ai l'honneur de vous envoyer, après l'avoir soumis à l'auguste approbation du Saint-Père, le catalogue des vérités auxquelles vous devrez satisfaire non-seulement pour la sûreté de votre conscience et la nécessité de votre salut, mais aussi pour vous assurer le concours efficace de l'Eglise.

Ces différentes propositions devront m'être retournées par Votre Excellence, revêtues de votre signature et de celle des différents membres du gouvernement français qui s'engageront aussi à les tenir pour règle.

Veuillez agréer la profonde considération avec laquelle j'ai l'honneur d'être de Votre Excellence le très-humble et très-obéissant serviteur.

ANTONELLI.

A Rome, au Vatican, le 2 du mois de juin 1873.

PIÈCE Nº 8

CATALOGUE

DES VÉRITÉS AUXQUELLES LE GOUVERNEMENT
DE LA FRANCE DOIT SE SOUMETTRE
ET QU'IL DOIT PRATIQUER ET FAIRE PRATIQUER
DANS TOUTE L'ÉTENDUE DU
TERRITOIRE FRANÇAIS

I

Dieu, représenté par la Religion, est l'arbitre du vrai et du faux, le seul juge et la seule raison, devant lequel vous vous inclinerez, vous et le peuple que vous gouvernez.

II

On doit, et vous devez, obéissance à toute loi qu'il a plu ou qu'il plaira à l'Église de promulguer ou qui lui a été transmise par son divin fondateur, car il n'y a de droits que les siens et il n'y en a pas en dehors d'eux.

III

L'autorité civile n'a pas le droit de s'immiscer dans les choses qui regardent la religion, ni de rien changer dans la société ecclésiastique, mais l'autorité ecclésiastique a le droit et le devoir de réglementer les actes de la société civile. (Voir *In consistoriali*, 1er décembre 1850.)

IV

Il n'y a pas de société en dehors de l'Église et l'Église doit exercer son autorité en dehors et par-dessus l'autorité civile, et elle a le droit, pour se faire obéir, d'employer la force.

V

Vous condamnerez et détruirez la République qui s'arroge l'indépendance et l'affranchissement du pouvoir ecclésiastique. (Voir allocution *Maxima quidem*, 9 juin 1862.)

VI

Vous réprouverez et nuirez au socialisme, aux sociétés clandestines, au protestantisme, aux sociétés bibliques, aux sociétés clérico-libérales et toutes autres pestes de ce genre réprouvées par les formules les plus sévères. (Voir encyclique *Qui pluribus*, du 9 novembre 1846.)

VII

Vous apprendrez qu'il n'y a de salut d'aucune sorte en dehors de l'Église catholique, apostolique et romaine.

VIII

L'État ne reconnaîtra pas d'Église autre que l'Église catholique, apostolique et romaine.

IX

Les personnes et les choses ecclésiastiques ne peuvent relever que du Saint-Siége, mais les personnes et les choses laïques sont toujours soumises à la juridiction ecclésiastique.

X

L'Église seule a le droit naturel et légitime d'acquérir et de posséder, et c'est à elle seule, puisqu'à Dieu, qu'elle représente, est la terre, qu'appartiennent les propriétés. Ceux donc qui aujourd'hui se disent, avec outrecuidance, propriétaires, ne sont que détenteurs ou fermiers de biens qui doivent revenir à l'Église.

XI

En attendant que toutes les propriétés rentrent à l'Église, vous reconnaîtrez à celle-ci le droit de percevoir ainsi qu'elle le jugera convenable la dîme sur les revenus des détenteurs de ses biens.

XII

Suivant les anciens statuts homologués par les parlements de France, vous reconnaîtrez le droit curial pour les naissances, baptêmes, mariages, inhumations, messes, bénédictions, prônes, etc., etc.

XIII

Les établissements religieux, comme tous biens et personnes ecclésiastiques, ne peuvent relever du pouvoir civil. (Voir les allocutions : *Acerbissimum*, 27 septembre 1862 ; *Probe memineritis*, 22 janvier 1855 ; *Quum sepe*, 21 juillet 1858.)

XIV

Tout fonctionnaire, tout homme appelé à exercer sa suprématie sur d'autres ou sur les affaires de sa nation doit ou devra professer la religion catholique.

XV

Le peuple ne doit pas être représenté ni consulté, aucun suffrage ne lui appartient, il ne peut et ne doit qu'obéir et travailler pour gagner le ciel, sinon il mérite persécution et malheur. (Voir l'encyclique *Quanta cura*, et le Catalogue des erreurs condamnées, du 8 décembre 1864.)

XVI

Tout homme étranger à la religion catholique romaine est hérétique, et vous devez le chasser du territoire sur lequel vous commandez, ou le mettre à mort, si vous le pouvez sans danger.

XVII

Vous ne devez laisser libre personne d'embrasser ou de professer une religion quelconque en dehors de la religion chrétienne catholique, qui est la seule vraie.

XVIII

La messe et tous les exercices du culte catholique seront obligatoires pour tous.

XIX

Vous soumettrez la raison humaine à la foi, parce que la foi est supérieure à la raison.

XX

Vous ne tolérerez pas qu'on nie ou qu'on discute les mystères, les prophéties et les miracles que notre raison est trop bornée pour comprendre.

XXI

Il n'y a pas de lois morales en dehors de la sanction divine et nulle science n'a le droit de s'élever contre l'Église. (Voir encyclique *Quanto conficiamur*, du 10 août 1863.)

XXII

La direction des écoles publiques et privées dans lesquelles on instruit la jeunesse appartiendra en totalité au pouvoir ecclésiastique. (Voir *Quibus lactuosissimis*, 5 septembre 1851.)

XXIII

Personne n'aura le droit d'élever la jeunesse dans la science des choses naturelles et les fins de la vie sociale, car la jeunesse ne doit être instruite que selon la foi catholique. (Voir Epist. ad archiep. Friburg, *Quum non sine*, 14 janvier 1864.)

XXIV

Il n'y aura plus d'autre mariage valable que celui qui aura été scellé par l'Église, et toutes les familles qui n'auront pas été liées par l'Église seront déclarées ne pas exister et les enfants qui leur appartiendraient déclarés bâtards et exclus de tous droits. (Voir : lettre apostolique *Ad apostolicas*, 22 août 1852 ; allocut. *Acerbissimum ;* Lettre au roi de Sardaigne, 9 septembre 1852.)

La lettre suivante répond aux documents que l'on vient de lire.

PIÈCE N° 9

Versailles, le 6 juin 1873.

Le ministre de la justice en France à Sa Sainteté
le pape Pie IX.

Très-Saint Père,

A la suite de la lettre et des propositions qui
nous ont été adressées par S. Em. le cardinal Antonelli, nous avons résolu qu'il nous était impossible de prendre vis-à-vis de Votre Sainteté un engagement collectif et de faire d'une question de
foi politique un acte gouvernemental. En vain me
suis-je opposé de toutes mes forces à cette manière
de voir ; s'il n'avait tenu qu'à moi, le gouvernement
eût rendu publics et les propositions que Votre
Sainteté nous a soumises et l'engagement pris par
nous d'y souscrire : nous eussions fait ainsi un
éclatant acte de foi. Mon avis n'a pas prévalu, et
je le regrette profondément ; car, contrairement à
l'opinion de mes collègues au gouvernement qui
prétendent que le pays n'est pas encore mûr, je
crois que notre héroïque population eût été heu-
reuse de l'énergique démonstration de notre politique résolûment conservatrice et de ce que nous
entendons par ordre moral.

Quoi qu'il en soit, Votre Sainteté recevra les

adhésions individuelles des membres du gouvernement à toutes les propositions que vous nous avez soumises et qui étaient déjà toutes au fond de notre cœur; nous n'aurons pas d'autre base d'action, et tous nous n'entendons être que les très-humbles serviteurs et fidèles de l'Église catholique, dont le bras va enfin sauver et protéger la France.

Je baise avec humilité les sacrés pieds de Votre Sainteté.

Ernoul.

La lettre suivante aurait été ramassée sous le fauteuil de M. de Broglie, après une séance du conseil ministres. Elle était déchirée, et on a dû, pour la lire, en ajuster les morceaux avec un soin extrême. Quelques fragments ont manqué; toutefois, ce que nous publions suffit à la connaissance du sens de la communication adressée, selon toute apparence, à Mgr Dupanloup.

« ..... C'était selon la vraie tradition parlementaire, n'est-il pas vrai, Monseigneur ? et on n'a jamais vu que là où les ministres sont seuls responsables le chef du gouvernement se mêlât de leurs conseils. Ma protestation aura été vaine, car il s'en fâchait tout rouge; il assistera donc à nos conseils, mais là s'arrêteront ses prérogatives, car il n'a pas la force intellectuelle nécessaire pour gouverner. Il ne faut pourtant plus nous imaginer que nous pourrons le mener par le bout du nez, comme nous nous en étions flattés tout d'abord, et il faut se défier de lui, car on dit que sa femme est fort intelligente et qu'il est docile à ses instructions..... Faites épier cette femme, voyez-la, gagnez-la..... soyons habiles!..... Il ne faut pas d'autres Monck que nous..... »

La pièce n° 10 est traduite de l'italien. La pièce n° 11 était en français.

PIÈCE N° 10

A. M. D. G.

Le Jésu, 9 du mois de juin 1873.

A Monsieur le ministre de l'intérieur, en France.

J'ai l'honneur de transmettre à Votre Illustrissime Excellence la copie des instructions que nous avons données à tous ceux qui font partie ou relèvent de notre auguste compagnie.

Je recommande à Votre Illustrissime Excellence d'opérer avec ménagements sur la plèbe française, qui n'est pas très-disposée en faveur du clergé

Trop de précipitation nuirait beaucoup à l'œuvre qu'il faut mener à bien. Je donnerai à ce sujet des instructions spéciales aux agents que j'accréditerai près des membres de votre sérénissime gouvernement, et dont ces membres devront suivre aveuglément les conseils.

J'ai l'honneur d'être de Votre Illustrissime Excellence le très-humble et très-dévoué serviteur.

R. P. BECK, gén.

PIÈCE N° 11

A. M. D. G.

Le Jésu, 9 juin 1873.   Instruction n° 10732.

Nous faisons assavoir à nos frères et alliés qu'ils aient à se conformer aux instructions suivantes, qui sont pour le bien de tous en général et le leur en particulier :

Nos Frères,

On a attiré, et nous devions porter notre attention sur les affaires politiques de la France, car ce pays semble être, par la nature même de ses habitants qu'on trompe et dirige facilement, le dernier rempart de notre religion, ou du moins le pays sur les ressources immenses duquel elle a le plus à compter. Notre ordre vénérable qui, aujourd'hui, est celui de la grande majorité de l'épiscopat et du bas clergé français, et qui possède sur le sol un grand nombre de propriétés, a aussi un intérêt direct, et en dehors de celui de la religion, à exercer sur les affaires du cercle de Lyon une influence considérable. Nous n'avons jamais cessé de surveiller les consciences et de veiller sur la France, et le moment est arrivé où nous devons prendre la direction de sa politique.

Le gouvernement qui s'est installé en France à la suite de la journée du 24 mai 1873 est entièrement à notre discrétion, et, incapable de venir seul à bout des affaires qui lui incombent, il a été le premier à solliciter un appui que nous lui avons accordé.

Nous avons donc prié quelques-uns de nos pères qui se trouvaient ici d'aller aider, dans leur tâche aride, les membres du gouvernement de la France, et nous avons donné ordre à nos Provinciaux de leur envoyer ceux d'entre nous qui sont les plus compétents en économie politique.

C'était là une partie seulement de notre tâche et de notre devoir. Une autre et la plus importante nous reste, et c'est sur vous, nos frères, que nous avons compté pour la remplir.

Il sera donc utile que des ordres secrets soient donnés à tous ceux qui nous appartiennent, et, selon le rang qu'ils occupent ou leur degré de soumission, vous mesurerez ce que vous leur confierez. Quels qu'ils soient, pourvu qu'ils soient sûrs, nos frères ou affiliés devront toujours s'enquérir avec soin de l'opinion des personnes qu'ils fréquentent et ils recueilliront ce qu'elles diront sur les autres. Ils feront, chaque fois qu'ils auront appris quelque chose, un rapport sur ce sujet qui vous sera envoyé.

Ils devront toujours saisir ou faire naître l'occasion de parler du gouvernement stable et paternel que le retour de la monarchie légitime assurerait à la France, et ils ne perdront jamais de vue qu'ils doivent nuire à la République, non-seulement par leurs paroles, mais par leurs actions.

Il ne sera donc pas inutile de recommander à chacun de restreindre ses dépenses autant qu'il sera possible, même en se privant, de supprimer tout ce qui serait superflu ou luxueux, de jeter le plus de gens possible dans la misère, surtout les domestiques et les ouvriers, et de nuire au commerce général et particulier. Vous pourrez même stimuler des faillites, quitte à établir des compensations particulières en faveur du failli, et vous alimenterez la spéculation sur les valeurs de bourse en faisant jouer à la hausse à chaque événement qui pourrait s'interpréter en faveur de la monarchie.

Vous m'enverrez un résumé succinct de tout rapport important qui vous serait remis.

Quant à ceux de nos frères qui exercent leur ministère sur les âmes, vous leur intimerez l'ordre de n'accorder l'absolution qu'aux personnes qui déclareront être contraires aux idées républicaines, et ils le feront en sûreté de conscience, car tout républicain est indubitablement libre-penseur et par conséquent doit être exclu du sacrement de la pénitence et de la communion des fidèles.

Les confesseurs devront s'attacher surtout aux femmes; il les interrogeront sur les opinions et les agissements de leur mari, de leur père, de leurs frères, parents et amis. Ils jetteront l'effroi dans ces âmes faibles en leur parlant de vagues dangers, de persécutions, de vengeances, qui devraient atteindre les républicains. Ils se serviront de tous les moyens pour les amener à aimer la monarchie au détriment de la République et ils les contraindront à porter leur parole dans leur ménage, surtout si les confesseurs ne peuvent y pénétrer eux-mêmes. Ce que je recommande pour les femmes doit s'entendre aussi pour les enfants.

Les prônes, les instructions, le catéchisme, les conversations devront être faits toujours dans le but d'exalter à la monarchie. Vous pourrez envoyer de nos pères partout où les prêtres locaux seraient insuffisants ou manqueraient d'énergie.

Vous multiplierez les pèlerinages, les missions, les jubilés, et tâcherez de ne pas laisser ignorées les apparitions miraculeuses dont vous entendriez parler.

Vous m'enverrez aussitôt tout ce qui serait digne d'attirer mon attention.

R. P. Beck, gén.

PIÈCE N° 12

Lettre circulaire aux prélats de France.

<table>
<tr><td>Ministère de l'Intérieur
—
CABINET DU MINISTRE
—
Confidentielle
—
N°.........</td><td>Versailles, le 13 juin 1873.</td></tr>
</table>

Monseigneur,

Après le scandale de la séance du 10 juin 1873, nous voyons qu'il nous est difficile de compter sur la discrétion d'un corps d'administration qui a été trop variablement changé par le gouvernement précédent de triste et funèbre mémoire. Il nous est donc impossible de confier des instructions qui sont secrètes à des agents qui ne comportent pas la discrétion. C'est pourquoi, Monseigneur, nous avons cru qu'il convenait plutôt d'adresser au clergé les recommandations que, malgré nos diligences à changer ardemment le personnel d'ordre administratif, nous ne pouvons plus expédier à des consciences subreptices.

Ce serait rendre service à la religion et à la

France, que vous voulussiez, entre nous, Monseigneur, représenter inopinément le pouvoir central dans votre diocèse, et de le faire représenter par messieurs de votre clergé.

Cette manière de procéder se trouverait, du reste, en complet accord avec les instructions que le Saint-Siége, que Dieu garde, a dû vous faire connaître comme à nous.

Vous serez donc désormais, Monseigneur, le véritable préfet du département qui a l'honneur de vous voir siéger épiscopalement, et vous donnerez vos ordres aux messieurs curés, en attendant que le pouvoir préfectoral ait passé officiellement dans vos mains, et en attendant que la nouvelle loi municipale que nous allons voter ait nommé les messieurs curés maires de leur commune et ait fait de leur conseil de fabrique le conseil municipal, et qu'on ait enfin effacé le mot affreux de commune pour ne plus reconnaître que la paroisse.

Veuillez me croire, Monseigneur, de Votre Grandeur le très-humble et très-obéissant valet.

BEULÉ.

PIÈCE N° 13

A Monseigneur Pie, évêque de Poitiers.

Versailles, 18 juin 1873.

Monseigneur,

C'est par un étrange caprice que l'on en vient à me trouver tiède et lent à servir les intérêts de l'Eglise et à faire tout ce que je dois à ma foi. Ne connaissez-vous pas nos engagements secrets? D'autres ne les connaissent-ils pas? Je ne comprends rien à la rigueur avec laquelle on commence à me traiter à droite. Soyez bien convaincu que je m'en tiendrai toujours aux termes des instructions de la cour de Rome et du Jésu.

Veuillez croire, Monseigneur, à ma haute considération et à mon amitié reconnaissante.

ERNOUL.

PIÈCE N° 14

Poitiers, 29 juin, jour de saint Pierre et saint Paul, 1873.

A Monsieur Ernoul, ministre de la justice.

Monsieur le ministre,

Monseigneur avait déjà rassuré à votre égard Mgr Freppel, évêque d'Angers, et S. Em. le cardinal de Bonnechose. Monseigneur vous connaît trop, il a trop de confiance en vous, pour ne pas affirmer que vous servirez toujours, et quand même, les intérêts de notre sainte mère l'Église.

Monseigneur Pie, Monsieur le ministre, vous fait ses amitiés.

Agréez, Monsieur le ministre, l'assurance de ma haute considération.

LAMOYAULT.

PIÈCE N° 15

A Monseigneur Pie, évêque de Poitiers.

Versailles, le 3 juillet 1873.

Monseigneur,

Veuillez, je vous prie, donner immédiatement des ordres pour que tous les actes du gouvernement soient interprétés, dans votre diocèse, au profit de la royauté légitime. Je soupçonne mes confrères au gouvernement de vouloir nous jouer au profit des petits-fils du régicide.

J'ai l'honneur d'être de Votre Grandeur le très-humble et très-obéissant serviteur.

ERNOUL.

P.-S. J'écris même chose à tous les évêques qui nous sont dévoués.

———

Nous avons cru devoir donner dans ce recueil un numéro d'ordre à toutes les pièces dont l'authenticité ne pouvait soulever aucun doute, et bien qu'elles n'eussent pas un caractère officiel. On aura remarqué que nous n'en avons pas donné aux notes et fragments imprimés plus haut. Mais déjà une lettre signée Polycarpe a été regardée par nous comme ne faisant pas doute, et nous avons cru devoir insérer la pièce suivante sous le n° 16, bien qu'elle porte en marge cette annotation : COPIE TRANSMISE PAR LE CABINET NOIR.

PIÈCE N° 16

Versailles, 24 juillet 1873.

Ma chère Niniche,

Je ne comprends rien à ta lettre, rien à ta colère. Où veux-tu que je prenne le temps d'aller à Paris ? Tu n'entends donc rien à la politique ? Tu n'as donc pour toi que ta petite mine friponne ? Je t'envoie cinq cents francs pour te consoler.

Dépense-les largement, c'est l'argent des contribuables.

Ah ! mignonne, tu sais pourtant bien que je t'aime et que tu n'as pas besoin d'être jalouse pour m'avoir vu l'autre jour avec la femme de ce général! La politesse exige que je sois aimable avec les puissances. Je te donnerai évidemment sur ton gros bonbon si tu n'es pas plus raisonnable. Que diable! ma chère, je ne puis pas faire l'étudiant de premiere année ni avoir des scènes de jalousie! Je t'assure que je te suis fidèle, je te le jure! et voici cinq cents francs: contente-toi de ça, car je n'ai jamais été aussi généreux. Je suis toujours ton gros lyly, ton gros popo, ton petit carpillon fretin, frétillant, frétillonnant, mais lâche-moi. J'ai bien assez d'avoir les républicains sur le dos.

Si tu savais comme ils sont embêtants, ces gens-là! Et dire que j'ai été de leur bord! Hé bien, ce n'est vraiment pas avec eux que je serais devenu ministre! Ils se jalousent les uns les autres. Ils se soutiennent bien moins que dans les autres partis. Ils font mine d'abhorrer les tripotages et les pots-de-vin. Et puis enfin ils n'ont pas le sou. Au moins, avec les monarchistes on fait des marchés : donnant, donnant. Je te sers, donc j'ai droit à une rémunération, voilà ! Je suis ministre.

Je te demande un peu, Niniche, ce que cet imbécile de Jules Favre a voulu faire avec sa stupide interpellation. Ce Jules Favre est un galopin. Je ne voudrais pas, Niniche, lui confier tant seulement le bout de ton doigt, car il en abuserait certainement. Interpeller ! Ils en sont encore là! Ah ! oui, décidément les républicains sont des mollusques. Parmi eux, les plus logiques sont encore les radicaux, mais ce sont des ambitieux.

Ces gens-là se disent à principes. Avant-hier, ils ont voulu m'attaquer sur les miens. C'était naïf. On a des principes quand ça peut servir, on n'en a plus quand ils vous nuisent; ou on les change, selon l'occasion. L'immuable est contraire au progrès. On doit toujours varier. Les jours ne se ressemblent pas. Mais doit-on ne pas varier pour rester honnête? Allons donc! l'honnêteté ne peut pas être ce qui mène à mourir de faim. Les honnêtes gens sont ceux qui préfèrent les bons morceaux aux rogatons. Ils m'appellent lourdaud? Si je n'ai de l'esprit qu'à côté de toi, Niniche, je suis ministre avec eux, et j'espère qu'ils savent parfaitement que les bonnes manières et la politesse exquise ne se rencontrent guère chez les démocrates.

Mais que penses-tu de ce Jules Favre qui demande à connaître notre politique? Est-ce que nous avons une politique! Ne faudrait-il pas amener à la tribune le révérend père jésuite qui nous dirige? Nous ne sommes pas si niais. Ah! pleurez tant que vous voudrez sur M. Thiers, il avait des idées qui n'étaient pas les vôtres, mais il était Français; il aimait son pays... tandis que nous, nous nous moquons de ça comme d'une guigne et nous nous flattons de n'avoir pas d'autre pays que le Vatican.

Votre République! est-ce qu'elle permettrait aux ministres d'avoir des Niniches? Est-ce qu'elle permet de puiser dans les coffres de l'Etat? Il faut vraiment être Jules Favre pour exprimer sa confiance en nous, à cause de nos déclarations. Quand

nous en aurions fait dix fois plus, des déclarations?
« Il n'y a rien de changé dans les institutions exis-
tantes. » Regardez, pour voir. Considérez qui nous
sommes, les gens dont nous nous servons, et dites-
vous ce que le renard fait de la poule quand il est
dans le poulailler. Nous ne nous pressons pas;
nous savons bien que nous ne sommes pas forts,
mais il nous suffit d'être réactionnaires. Vous
verrez un peu ce que nous aurons fait quand vous
reviendrez de vacances. Nous vous aurons préparé
un petit régime qui distribuera encore plus d'eau
bénite que le nôtre, de cette bonne eau bénite qui
brûle les fils de Satan. Estimez-vous encore bien
heureux, messieurs les Français, si nous ne don-
nons pas le trône de France au pape.

Et pourtant, quelquefois j'éprouve comme une
vague tristesse en songeant à l'avenir. Depuis mon
discours d'avant-hier, je ne suis pas si fier qu'au-
paravant. La fierté cependant convient bien à ma
taille. Heureusement voici les vacances, et durant
trois mois nous allons pouvoir bouleverser à notre
guise tout le pays : s'il n'est pas réactionnaire au
retour de l'Assemblée, ce sera à désespérer de
faire bâtir des églises votives sur la butte Mont-
martre à Notre-Dame de la Galette.

Nous allons dégoûter les gens de la vie, les tra-
quer, les ruiner. Nous ferons coucher les Français
à dix heures du soir, au couvre-feu. Nous ferme-
rons les cafés et autres lieux publics. Les bouti-
quiers devront clore dimanches et fêtes. Les
paysans payeront la dîme et feront la corvée.

Tout Français qui manquera les offices divins sera fouetté sur les places publiques. Et si après ça on ne vote pas en chœur pour la monarchie!... Hé bien, tiens, non, entre nous, Niniche, ça serait épatant et drôle tout plein de voir qu'en France le ministère des rats d'Eglise pût faire passer, en manière de sceptre, à un roi quelconque, son gigantesque goupillon.

Adieu, Niniche, je t'embrasse où tu sais bien.

POLYCARPE.

FIN

MAGNY EN VEXIN (S. ET O.). — IMP. O. PETIT.